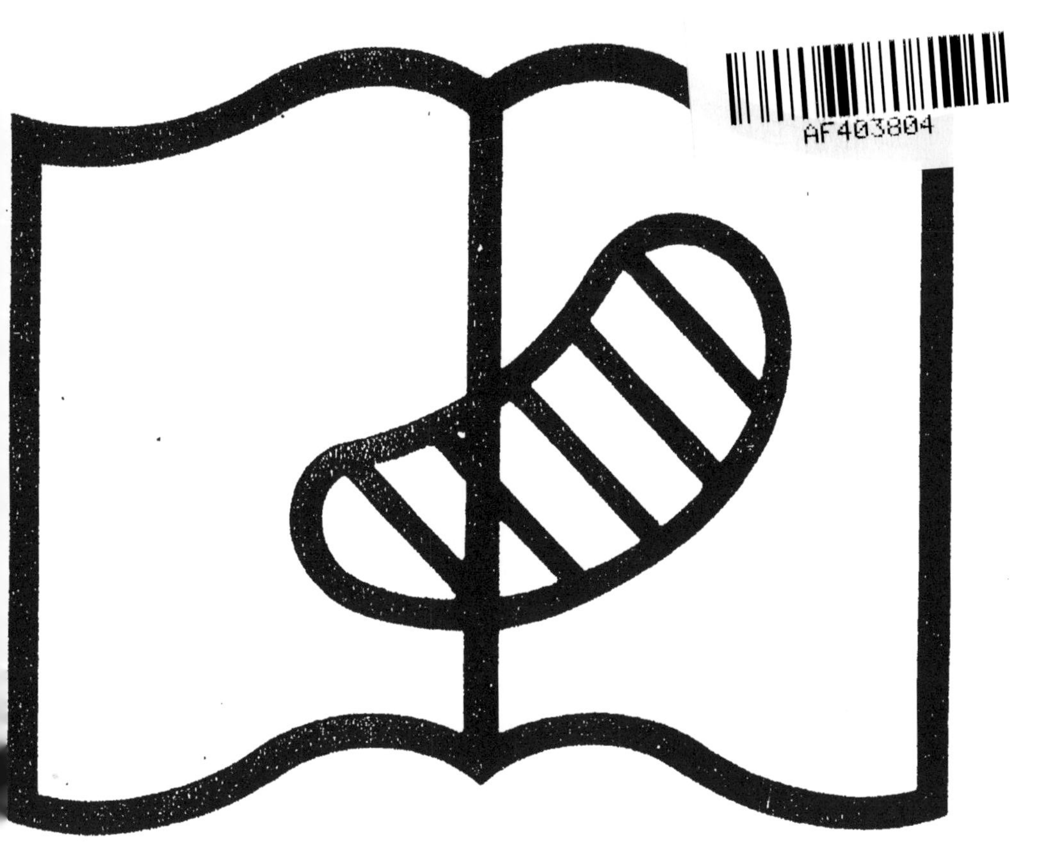

Original illisible

NF Z 43-120-10

"VALABLE POUR TOUT OU PARTIE
DU DOCUMENT REPRODUIT".

FIRMIN DELANGLE

NOTES ET CROQUIS

SUR

LES PEUPLES D'ISLAM

LE PROTECTORAT EN TUNISIE

TUNIS – IMPRIMERIE V. FINZI – 1886

NOTES ET CROQUIS

SUR

LES PEUPLES D'ISLAM

LE PROTECTORAT EN TUNISIE

TUNIS — IMPRIMERIE V. FINZI — 1886

NOTES ET CROQUIS

SUR

LES PEUPLES D'ISLAM

LE PROTECTORAT EN TUNISIE

Vitam impendere vero.

I.

« La louange, a dit Tajeddine, est un fatal
« breuvage que cherchent souvent à nous faire
« prendre les plus imprudents de nos amis
« comme nos pires ennemis : celui qui en ap-
« proche ses lèvres court un aussi grand danger
« que s'il buvait à une coupe empoisonnée ».

Cette sentence arabe, si sévèrement juste, et
la morale grecque plus enjouée de la fable du
Renard et du Corbeau dans laquelle ce dernier paie d'un fromage la leçon finement rail-
leuse que lui donne son maître en philosophie,
nous étaient remises en mémoire par la bro-
chure que vient de faire paraître sur la Tunisie
M. Pascal, ancien conseiller d'état et ancien
préfet de la Gironde au 16 mai.

A lire attentivement ces lettres si louangeu-
ses, on se demande en effet si elles sont inspi-

rées par une haine politique ancienne et profonde, ou par un sentiment d'imprudente admiration, tant elles dépassent la mesure et tant
elles paraissent destinées à nuire à ceux dont
elles exaltent « les hauts faits et les rares mé-
rites ».

Sont-elles au contraire dictées, comme certains l'assurent, par une passion irrésistible
pour... les fromages ? C'est ce que nous ne
saurions résoudre n'ayant pas l'honneur de
connaître M. Pascal.

En tout cas cet éloge dithyrambique de l'administration dans la bouche d'un bonapartiste
qui a fait défection à l'Empire pour passer à
la monarchie, et s'en faire le sectaire acharné
contre la république, est à tout le moins sus-
pect, et :

Ce bloc enfariné ne nous dit rien qui vaille.

M. Pascal dont on n'avait plus entendu parler après la retraite du ministère de Broglie
est venu pour la première fois en Tunisie, il
y a quatre mois à peine ; et, grâce à des dons
d'assimilation vraiment rares, il lui a suffi de
ce laps de temps pour se faire une opinion *ne
varictur* de la question tunisienne et des tunisiens tant anciens que nouveaux.

Du haut de la nouvelle tribune où il s'est
installé, sans qu'on sache trop pourquoi, monté
à un diapason des plus élevés, M. Pascal en-

tend en remontrer à tout le monde et à son curé: Il commence par tonner contre l'ancienne colonie à qui il reproche *un passé peu scrupuleux* et tonne ensuite contre la nouvelle qu'il traite de « *frondeuse étourdie* flottant au « vent des impressions les plus contradictoires; « que le moindre ajournement irrite et à qui « tout esprit public fait défaut; à la fois impa- « tiente et indécise, elle ne parait pas se ré- « soudre à donner *à ceux qui la dirigent* ce « concours suivi et confiant qui seul pourrait « assurer l'efficacité de l'action ».

Plus maladroit ami, comme on le voit, que sage ennemi, M. Pascal englobe dans un même sentiment de blâme la colonie toute entière et n'est vraiment pas tendre pour ceux qui la dirigent.

En esprit réfléchi, comme il se pique de l'être, il aurait du songer que si « tout le mon- « de est d'accord pour trouver le régime éco- « nomique de ce pays détestable; pour recon- « naître que les impôts y sont établis au re- « bours du sens commun; qu'à la façon dont « il est traité on pourrait presque dire *que le* « *producteur est l'ennemi* » Il n'y a plus lieu dès lors de s'étonner si la colonie refuse son concours à la direction et si elle est impatiente d'en finir avec des atermoiements qui n'en finissent pas.

Et comment admettre que dans toute cette

colonie il n'y ait pas quelques esprits éclairés, honnêtes, impartiaux, qui sans avoir une
intelligence transcendante et d'incomparables
facultés d'assimilation, sont cependant suscepti-
bles d'avoir une certaine dose de bon sens et
à tout le moins d'expérience ?

Il n'y a guère que Voltaire qui ait eu plus
d'esprit que tout le monde et jusqu'à ce jour
il n'était venu à l'idée de personne de préten-
dre à sa succession. M. Pascal ne manque pas
de talent; il a de la verdeur... *de la poigne;*
s'il doute des autres, en revanche il ne doute
pas de lui même; et c'est dans les questions
qui semblent lui être le plus étrangères, qu'il
tranche avec le plus d'autorité : mettant au
service de ses idées ces qualités brillantes des
écrivains et des orateurs de 1848 qui s'adon-
naient, on s'en souvient, « au style élevé ». Mais
malgré tous ces dons et ce bagage littéraire,
il nous persuadera difficilement qu' en quelques mois, sans savoir un traître mot d'arabe
ni d'italien et par conséquent de maltais, il est
déjà mieux au courant des besoins des indigènes
et des colons que les indigènes et les colons
eux mêmes.

Si ce n'était là qu'une prétention, on lui
laisserait volontiers le soin d'en revenir et de
s'amender; mais cette prétention, cache évi-
demment un but qui est de se faire l'avocat
d'office ou officieux d'un système condamné

désormais, contraire d'ailleurs aux vœux de la colonie, aussi bien qu'aux intérêts de la France : le Protectorat.

M. Pascal est venu ici, il n'en faut plus douter, pour en imposer aux *frondeurs étourdis ;* pour étouffer les ferments de discorde qui naissent de toute part ; donner le change au mécontentement général ; et surtout faire contre poids à l'influence croissante de la Chambre de Commerce qui a diverses reprises, et dans des ordres du jour, très modérés, mais très énergiques, s'est faite l'interprète des souffrances et des plaintes de la colonie. Car la colonie souffre et se plaint. Il n'y a pas à en disconvenir, et M. Pascal n'en disconvient pas.

Il y a eu tant de fautes commises et de telles lenteurs apportées aux moindres réformes qu'on a perdu peu à peu confiance, et qu'on finit vraiment par se croire *traité en ennemi.* Voilà la vérité ! M. Pascal la reconnait implicitement, si non explicitement seulement il en attribue, la cause à la colonie elle même dont il fait sa tête de turc.

N'en déplaise à M. Pascal, il n'y a pas que des gens peu scrupuleux et d'étourdis frondeurs dans tout ce public, hostile par d'aussi justes griefs. Il y a des gens absolument honnêtes, des esprits éclairés, modestes, qui, sans avoir « *le verbe haut* » et sans se mettre « *la main sur la hanche* », sont parfaitement

à même de traiter des questions d'ordre économique, de colonisation, d'agriculture, de vi-
ticulture même; et qui ont sur lui l'avantage
de connaître ce pays qu'ils habitent depuis de
longues années et où bon nombre d'entre eux
sont nés.

Qu'il prenne la peine de lire l'important
travail que vient de publier la Chambre de
Commerce sur l'état financier de la Tunisie et
sur les funestes effets du Protectorat, il re-
grettera certainement de s'être aussi légère-
ment avancé et d'avoir à ce point blessé le
sentiment colonial, puisque la Chambre de Commerce émane de la colonie; qu'elle a sa confiance; et que depuis sa création, à part quelques erreurs bien légitimes, elle n'a fait que
justifier cette confiance et l'accroître à son profit.

Or, la conclusion de ce travail, pour tout esprit impartial, est que l'annexion de la Tunisie
à la France s'impose; qu'elle se fera tôt ou
tard; et qu'au fond et dans la forme le Protectorat n'est qu'un mensonge politique gros
de menaces et de dangers.

M. Pascal affirme au contraire que « tout
« autre système est faux et dangereux, et que
« le jour où nous serons les maîtres, *nous au-
« rons compromis*, pour bien longtemps peut-
« être, l'œuvre de la civilisation telle qu'elle
« apparaît *à tout esprit réfléchi* ». (On voit que
nous n'avons rien exagéré et que M. Pascal a

la meilleure opinion de lui même et la plus
mauvaise de la colonie).

Puis, avec cette même assurance qui lui est
particulière, il ajoute : « que l'œuvre est assu-
« rément nouvelle ; qu'elle tranche sur nos
« vieilles routines — qu'elle ne ressemble en
« rien à ce que nous avons fait *et si mal fait*
« en Algérie, qu'elle consolidera chez les peu-
« ples orientaux notre autorité morale ? que les
« fautes initiales de notre conquête algérienne
« ont si gravement compromise ». Car, affirme-
t-il : « L'Algérie *a méconnu le caractère indi-*
« *gène* et notre tâche à nous doit être de faire
« tomber ce qui peut rester des préventions,
« irritées qu'a trop longtemps entretenu le sou-
« venir de notre colonisation conquérante » [1].

Avions-nous tort de dire qu'on écrivait ainsi
en 1848 ? le lecteur n'a-t-il pas le souvenir
de ses phrases pompeuses et sonores qui ont
servi dans maints discours, – nous allions dire :
dans maints banquets.

Et que tout cela est loin de la vérité ! comme aussi de la connaissance du peuple avec
lequel nous vivons depuis plus de cinquante
ans.

Lisez le livre si remarquable de M. Roche,
un homme compétent, s'il en fut - presque un
arabe. - Lisez: *Les commencements d'une con-*

---

[1] Nous répondrons à ces attaques en traitant de la situation économique de la Tunisie (2me fascicule).

quête, publiés dans la *Revue des deux mondes* par M Rousset – un des vôtres. Lisez enfin les diverses brochures qui ont paru sur la Tunisie et entre autres celle de M. Desfossé qui, à diverses reprises, y a fait de longs séjours. Il n'y a pas une page qui ne vous condamne et ne démontre qu'étranger aux mœurs et aux coutumes des peuples d'Islam, vous êtes venu ici avec des idées toutes faites que vous voudriez faire triompher à l'aide d'affirmations sans réserve, mais sans poids.

Les hommes qui ont longtemps vécu en pays musulman ne jugent pas ainsi des hommes et des choses : mêlés dès leur enfance aux arabes, ils pensent les connaître différemment.

II.

L'arabe n'est pas ce qu'on le représente généralement et ce que le juge Mr Pascal. Avant tout c'est un être fait de passions. Passions nobles ou viles, généreuses ou mesquines, sublimes ou basses ; mais toujours extrêmes. L'arabe n'est rien à demi.

Tour à tour infatigable ou apathique, capable des plus grands efforts ou incapable des moindres, d'un calme absolu ou d'une mobilité constante, exubérant ou réservé, magnanime ou sordide. stoïque ou pusillanime, hautain ou bas, incorruptible ou corrompu, tendre ou rude, fort ou faible, courageux ou lâche...... Il est quelquefois *tout* cela à des intervalles de jours, d'heures, de moments.

Quant à déterminer à quelle influence momentanée il obéit, ou à quelle passion il cède: c'est souvent tâche difficile, parcequ'il est passé maître en l'art de dissimuler, de se dérober ou de nier. Prenez l'arabe le plus simple et le plus naïf il vous donnera souvent fort à faire pour l'acculer à des contradictions ou lui arracher des aveux. D'impressions très vives mais concentrées, d'une sensibilité extrême mais contenue, jamais son visage ne trahit les sentiments qui l'agitent ou les passions qui le mênent, et il paraît toujours attendre avec impassibilité la marche des événements.

C'est qu'au fond, et quelque sensible qu'il soit aux jouissances de la vie présente, il en a l'insouciance et attend bien d'avantage de la vie future. La mort ne l'effraie point; ne le surprend guère;

Il est toujours prêt à partir.

C'était écrit. Et Dieu est grand !
Cette croyance à un fatalisme de dogme étroit, résultant des volontés et des desseins de la divinité et non de superstitions puériles et sans consistance, est pour lui le remède à

tous les maux, le stimulant à toutes les entre-
prises. Sans cesse guidé par la main de Dieu
l'homme ne saurait échapper à sa destinée; le
cours en a été réglé d'avance, et la mort qui en
est la dernière étape, est aussi le dernier seuil
à franchir pour goûter aux éternelles félicités.

Aussi cet homme que nous avons montré o-
scillant sans cesse entre deux excès, n'oscille-t-il
jamais entre deux croyances. Nos doctrines de
l'équilibre idéal et de la neutralité obligatoire,
si préconisées par Littré, ne sont pas faites pour
lui. Le musulman ne sert pas deux maitres à
la fois: le relatif et l'absolu; il n'en sert qu'un:
le dernier.

Et il le sert à ce point de résister aux rail-
leries, à l'évidence des faits, aux persécutions,
à la mort!... Sans doute nos religions d'occident
nous offrent aussi des exemples de cet absolu-
tisme dans la foi; mais combien isolés et combien rares! tandis que dans l'islamisme, il en
est aujourd'hui ce qu'il en était aux premiers
siècles de l'hégire: du petit au grand, du puissant au misérable, tous sans exception, sont
prêts à affronter les derniers supplices pour la
défense de leur foi. — Le plus grand nombre
les subirait avec calme et courage; beaucoup
avec cette joie céleste qui illumine les traits
des martyrs.

Et c'est vraiment là une grosse affaire – dont
on ne tient pas assez compte quand on parle

d'assimilation, de progrès et de civilisation chez ces peuples.

L'assimilation? Il y faut renoncer absolument. L'histoire est là pour nous démontrer que depuis treize siècles aucune puissance humaine n'est parvenue à dompter cette race indomptable – encore moins à se l'assimiler. On a pu les atrophier ou les stupéfier comme dans l'Inde et ailleurs, on ne les a jamais infusés dans une autre race; et rien n'est plus rare qu'un mariage entre musulman et chrétienne, alors même que pour se conformer aux préceptes du Coran, la femme aurait abjuré ses erreurs.

Quant au progrès, sans y être absolument opposés, ils ne l'adoptent qu'autant qu'il n'est pas en contradiction avec leurs croyances, avec la tradition, ou même simplement avec leurs mœurs. On peut certes juger du progrès des mœurs à la manière dont les peuples traitent les femmes, ces êtres si supérieurement doués, capables de tous les dévouements et de toutes les perfections. Eh bien! les arabes traitent aujourd'hui les femmes absolument comme ils les traitaient, il y a treize siècles. Le prophète leur a dit: « la femme est pour vous un champ; labourez le ». Ils le labourent en conscience, se gardant bien de le cultiver.

Enfin, pour ce qui est de la civilisation, que quelques uns savent apprécier, en général ils n'en font pas grand cas.

Qu'est la civilisation à leurs yeux au prix du souvenir des temps héroïques et des légendes attachantes de leurs pères ; quelles nouveautés modernes pourraient remplacer ces fables adorablement absurdes où le merveilleux seul a cours ? Un chameau qui fait cent lieues à l'heure et qui passe par le trou d'une aiguille, ou un anneau qui a le pouvoir de vous rendre invisible valent tous les miracles du phonographe et de l'électricité.

Quant aux disputes si intéressantes de nos grands philosophes et aux théories ingénieuses qui en sont issues, elles ne sauraient avoir le don — nous ne dirons pas de troubler, un musulman, à qui d'ailleurs elles sont interdites — mais simplement de fixer son attention. N'admettant pas la conception, comment admettrait-il la perceptibilité ? Et comment nous-mêmes admettons-nous une certaine connaissance là où l'on ne peut mettre rigoureusement que l'inconnu ? C'est en vérité, comme on l'a dit, non pas concilier mais juxtaposer les incompatibilités.

Sa foi est bien au dessus de toutes ces misères ! Depuis treize cents ans elle n'a pas dévié d'une ligne ! Sans cesse entretenue et comme avivée par la manifestation, constante à ses yeux, du pouvoir surnaturel et divin — pour lequel nous avons créé le mot d'Inconnaissable, elle est, chose plus surprenante mais

logique, fortifiée encore par les conquêtes mêmes de la science ! Pour tout musulman c'est
Dieu qui dans sa générosité infinie a permis
qu'elles vinssent jusqu'à nous et sa puissance
s'en trouve accrue. Ollah akbor ! Dieu est toujours le plus grand !

Aussi son histoire n'offre-t-elle aucune trace
des troubles et des épouvantes qui ont assailli
le moyen âge, aucun indice des sourdes et
confuses terreurs qui hantent nos esprits, du
désarroi des conciences, de ce manque d'équilibre des âmes, de cette instabilité prodigieuse
des croyances oscillant de la théologie et de la
métaphysique à la philosophie positive. La science ici ne lutte pas contre la foi religieuse ; elle
lui vient en aide et l'affermit. Rien ne saurait
l'ébranler ! Les montagnes se mettraient à mar-
cher, les pierres à parler, que le musulman
n'en serait pas ému. Tout ce qui arrive devait arriver: c'était écrit !

Sublime effet de la solidité et de la constance de cette foi qui donne à des millions
d'hommes la quiétude et la sérénité au lieu
de créer entre la science et la croyance un
conflit perpétuel et désespérant.

Faut-il, comme Bossuet, — bien moderne en
ce jugement, — attribuer cette solidité et cette
constance à une cause toute physique : « la
régularité des saisons ; » ou convient-il de la
déduire de causes physiologiques ? Avant de

se prononcer sur cette question, si tant est qu'on croit pouvoir le faire un jour, il nous semble prudent d'attendre que la science ait dit son dernier mot sur les grands problèmes qu'elles s'est posés et à l'étude des quels elle travaille sans relâche. Si elle parvient, comme elle l'espère, a établir que des volontés transfusées à l'origine d'individu à individu peuvent s'étendre aux masses et constituer une hérédité ? Alors bien des choses s'expliqueront.

En attendant, le fait de cette perpétuation de la foi et de son inébranlabilité chez les peuples d'Islam existe. Il est indéniable. Ses effets ont une importance dont *on ne saurait trop tenir compte* et sur laquelle *nous appelons toute l'attention du lecteur.* Mais, pour bien la lui faire bien sentir, il nous est nécessaire de remonter à l'origine du fait et de suivre son développement ; rien ne saurait être plus instructif que l'étude des aspirations et des besoins d'un peuple comparée aux efforts et à l'intelligence déployés à les satisfaire.

III.

Si la connaissance de la religion musulmane est nécessaire à l'étude du caractère des peuples d'Islam, la notion de leur caractère ne

l'était pas moins à l'étude de leur religion.
L'une ne va pas sans l'autre. L'union est si
étroite, ils se sont si bien compris, si bien
convenus, qu'on ne saurait dire qui des deux
a le plus contribué à fortifier l'autre. Jamais
religion n'a mieux connu son humanité; jamais
peuple ne s'est mieux identifié à sa religion.

Sans cesse vaincu dans l'éternelle lutte de
l'esprit et de la matière, l'homme gémissait de
sa défaite ; la religion va lui donner la plus
noble des revanches: par la vie future. Il déses-
pérait de l'écart qu'il constate hélas! à chaque
pas, entre la spéculation et l'action, entre le
rêve et la réalité, entre les appétits et la jouis-
sance..., entre la vie et la mort ; la religion
va combler cet écart et réconcilier cette per-
pétuelle antinomie dans une synthèse idéale,
qui sera l'hôte choyé de l'humanité.

La vie présente était courte: elle la rendra
éternelle. Tout passe et tout lasse ici-bas: elle
fera tout durer sans jamais lasser. L'homme
était misérablement rivé à terre: elle lui donnera des ailes. La pensée s'arrêtait à de certains espaces: elle les franchira et pourra par-
courir ces mondes vers lesquels elle était sans
cesse attirée. L'esprit était tourmenté de l'inconnaissable: il connaîtra des origines et des
causes. L'âme déçue rêvait de perfections: elle
se trouvera en présence de celui qui les résume
toutes: elle connaîtra Dieu !.... Il lui apparaîtra

dans le triomphe de sa gloire, dans l'éclat de sa toute puissance, – entouré de ses anges, de ses archanges, de ses séraphins ; il lui parlera avec douceur, et dans sa bonté infinie il la conviera au banquet de l'éternité !

Tel sera l'idéal des satisfactions données aux besoins généraux ; ces besoins sont ceux de toute l'humanité ; l'idéal est commun à d'autres religions, et en se l'appropriant, l'islamisme n'a fait qu'emprunter. Mais où il triomphe par la nouveauté de l'invention, par la hardiesse en même temps que par la sûreté de l'entreprise : c'est lorsqu'il va tirer parti de la plus fragile des croyances humaines pour en faire un dogme d'une puissance et d'une solidité incomparables. Nous voulons parler de ce sentiment misérable de crédulité superstitieuse, inhérent à la faiblesse humaine et commun à tout être humain, de quelque taille qu'il soit : eut-il nom César, Alexandre ou Napoléon, sorte de cas pathologique du cerveau qui nous fait donner créance a ce qu'on a appelé tour à tour hasard, destin, chance ou fatalité.

Loin de dédaigner d'aussi faibles assises, la religion musulmane va les utiliser pour y bâtir un temple qui résistera aux ébranlements et aux tempêtes ; qui défiera même les injures du temps. Elle l'appellera le *Mektoub* ou *Fatalisme* qui n'est autre chose que la fatalité grandie et légitimée par les liens qui la rattachent à la divinité.

Une fois érigé en dogme et en article de foi, il lui servira à résoudre les problèmes les plus insolubles, à remédier aux maux les plus irrémédiables, à parer au doute, à calmer les tourments de l'esprit, les tortures de l'âme..... à suppléer à sa propre insuffisance !

Comment expliquer en effet la contradiction flagrante du triomphe en ce monde du mal sur le bien ? Qu'opposer à ces révoltantes injustices du sort qui font que l'amour du beau et du bien, la pratique de la charité, des vertus sociales, de la religion même, n'empêcheront pas un homme bon, juste et généreux, d'être toute sa vie sous la dépendance d'un coquin ; que le plus intelligent, le plus actif se verra préférer un être médiocre et sans volonté ; enfin qu'un sot pourra prendre ici-bas la place d'un homme de génie ?

Et quelles raisons donner de cet incessant et universel combat pour la vie qui se poursuit sans trève ni merci, et partout implacable ! dans les airs, dans les océans, dans les forêts et dans les plaines ; mettant aux prises tout ce qui vit et respire : animaux ou végétaux et finissant impitoyablement par cette monstrueuse iniquité du fort annéantissant le faible, des gros dévorant les petits ?..... Eh quoi ! la création n'avait donc pour but que de nous faire as-

2

sister au spectacle de luttes fratricides, de combats acharnés, de proies dévorées vivantes, de massacres et de carnages ! L'image de la vie ne devait donc être qu'une représentation interrompue de maladies, de famines, de souffrances et de morts ! Et au lieu du concert de louanges qui aurait du monter vers les cieux on ne devait donc entendre d'un bout du monde à l'autre qu'un immense cri de détresse et de douleur : le cri des vaincus ! le vœ victis [1].

Le fatalisme va vous donner une explication bien simple de tout cela ; c'était écrit ! Dieu l'a voulu ainsi. Vous n'avez pas à vous demander pourquoi.

Il faut convenir que c'est là une véritable trouvaille ! assurément bien supérieure à la destinée grecque, au fatum des romains, surtout à cette monstruosité moderne appelée : **la chance**, qu'admettent les esprits les plus droits, les plus sensés, les plus religieux, - dont Auguste Comte lui-même confesse ouvertement l'intervention dans les événements du monde ; et à laquelle les efforts généreux de l'humanité et les nobles devises de la charité, de la

----

(1) So che natura e sorda
   Che miserar non sa
   Che non del ben sollecita
   Fu, ma dell'esser solo
    RICHET. LEOPARDI.

liberté, de l'égalité et de la fraternité n'ont
apporté que le plus vain des remèdes.

La religion musulmane au contraire a su
s'en faire un puissant levier. Et ce n'est pas le
seul. Connaissant à merveille le peuple auquel
elle s'adressait, peuple virile, éminemment pas-
sionné, à imagination vive et sensuelle, elle
s'est immédiatement emparée de ses passions,
de son imagination et de ses sens pour les
frapper par des images savamment et profondément burinées qu'elle saura rendre ineffa-
çables.

Non seulement elle légitimera toutes les passions humaines et admettra tous les désirs hu-
mains, même les plus effrénés ; mais elle les
exaltera et saura les faire tourner à son profit
par la promesse de satisfactions inespérées, par
l'appas de jouissances infinies, de voluptés immenses, qu'elle aura bien soin de rendre ma-
térielles et pour ainsi dire tangibles en les co-
piant sur celles dont la vie présente peut donner un avant-goût ; mais en n'oubliant pas de
proclamer ces dernières insuffisantes et frivo-
les ; et en les présentant comme de misérables
à-comptes que d'ailleurs elle se gardera bien
d'interdire.

Et c'est ainsi que la religion musulmane est
parvenue à développer chez ses fidèles le sentiment de la foi la plus absolue et du plus com-
plet sacrifice. Qu'on jette un regard sur le ta-

bleau des récompenses qu'elle réserve à ses élus : on verra si elles ne réalisent pas ce que l'imagination d'un peuple qui en a tant, pouvait rêver de plus parfait en sensualisme.

« Les riches habits de soie, les tapis somp-
« tueux, les meubles en or massif, les sources
« et les fontaines d'eau pure, les fleuves de lait,
« de miel, de vins exquis; les jardins aux fruits
« délicieux, aux fleurs odorantes ; les vertes
« prairies bordées d'arbres immenses où pais-
« sent des cavales à la crinière dorée, plus ra-
« pides que les vents; les vierges et les hou-
« ris aux seins d'albâtre, aux beaux yeux noirs,
« mollement étendues sur des couches voluptu-
« euses... respirant des parfums enivrants...
« les jeunes serviteurs..... empressés..... blancs
« comme la perle (image grecque). Enfin « *tout*
« *ce que l'homme peut désirer* ».

Une fois en possession des aspirations de l'homme, de ses appétits et de ses désirs, la religion musulmane a travaillé à l'asservir par des institutions et par des lois qu'elle a codi-fiées dans le Coran et à la sanction desquelles elle a appliqué les peines corporelles pour bien donner une idée des spirituelles[1] ; et de même qu'elle avait fait l'idéal du bonheur au-

---

[1]. On donne cent coups de bâton sous la plante des pieds à qui boit, mange ou fume pendant le jeûne du Rhamadan. On verse du plomb fondu dans le gosier du musulman qui insulte sa religion.

quel elle avait donné le nom de paradis, elle
fit l'idéal de la souffrance qu'elle appela l'enfer.

« Les infidèles qui auront le malheur de re-
« nier Dieu et les préceptes du Coran seront
« précipités dans les flammes éternelles, tenail-
« lées par les démons ; ils se nourriront de l'ar-
« bre Zacoum qui semblable aux métaux fon-
« dus dévorera leurs entrailles. Il y bouillira
« comme l'eau sur le feu. Ils seront plongés
« dans de noirs cachots ; on leur y versera de
« l'eau bouillante sur la tête ; le cou chargé
« de chaînes, ils seront trainés dans les bra-
« siers de l'enfer ».

C'est à cette chaude peinture des délices et
des tourments éternels, bien faite pour impres-
sionner des esprits si impressionnables, que le
Coran doit une partie de cette prodigieuse fortune qui n'a pas encore été égalée et qui n'est
pas près de finir.

Mais il en doit une autre à sa connaissance
profonde des ressources qu'offrent le mystère
et le symbolisme. L'artiste savant, explicite et
précis qui a excellé à peindre ces vives images,
sans voile, dans une nudité de réaliste, à l'aide
d'une langue merveilleuse dont rien n'égale
la clarté, sait à l'occasion susciter les délica-
tes émotions que causent la réticence, l'omis-
sion, le mystère suggéré. Il s'arrêtera au bord
des images et des pensées auxquelles la parole
eut été trop pesante ; il les laissera entrevoir,

au besoin les voilera par des mots à demi ré-
vélateurs qui ne laisseront deviner le sens qu'à
de rares initiés.

Aussi quelle école de casuistes ! Les disci-
ples de Loyola sont de petits enfants auprès
de ces maîtres en didactique qui d'un vulgaire
assassin font un héros et un parfait honnête
homme d'un madré coquin -- l'irresponsabilité
étant de doctrine étroite, l'intention légitimant
l'action et *l'intention, pouvant être rectifiée !*
(Article 47. 3). Ils ont un texte pour tous
les cas, et tel verset du Coran, quoique
voyellé, peut entre ces mains habiles, se prê-
ter à des interprétations diverses ou même
contraires, dont le sens final, pour comble de
latitude, peut-être pris au réel ou au figuré !

Quelles perspectives et quel horizon! ou plutôt quelle absence d'horizon. Tout peut être
permis, suivant les causes et suivant le but,
pourvu que l'intention finale soit reportée à Dieu
et qu'avant de comparaître devant lui on pro-
nonce la formule sacramentelle: Dieu est le
plus grand ; il n'y a de Dieu que Dieu, Ma-
homet est son prophète.

S'il n'y a de Dieu que Dieu, il y a en revanche bien des manières d'être son serviteur,
et il suffit souvent de se déclarer tel pour avoir
le droit de s'égarer dans les sentiers les plus
écartés de la vie, et même de tourner complètement les talons à la grande route.

Comme c'est commode et pratique ! Les brigands de la Calabre qui, au retour de leurs sanglantes expéditions, et après avoir mis en lieu sûr les produits de leur industrie, courent aux pieds des saints autels se meurtrir la poitrine de mea culpa et se prosterner la face contre terre, avec un cœur contrit et une âme bourrée de remords – implorant le pardon de crimes qu'ils recommenceront allégrement le lendemain, sont loin de la sérénité des brigands arabes qui, régulièrement, tous les jours *et souvent trois fois par jour* font leurs ablutions, et agenouillés dans la pose extatique des plus fervents ascètes, élèvent leur âme à Dieu et lui rendent des actions de grâce.

Si les premiers font brûler de temps en temps un cierge, aux trois quarts frelaté, en l'honneur du saint qui les a miraculeusement préservés des balles des réguliers ; ou si, à la suite d'une importante capture, ils accrochent à la chapelle de la vierge un ex-voto brodé en famille ; que sont ces témoignages auprès des larges offrandes faites aux Marabouts et des saintes épargnes amassées dans les tire-lires arabes en vue du pélerinage à la Mecque ?

Et quelle sérénité est comparable à celle de ces êtres infâmes, descendus aux derniers degrés de l'échelle sociale, livrés à tous les vices, capables de tous les excès et de tous les crimes, repris de justice ou échappés de galère, qui après avoir amassé leur pécule s'embarquent enfin pour la Ville Sainte, – certains d'en revenir saints eux-mêmes et d'entrer de plein pied au paradis.

Voilà pour les gredins, nés gredins hélas ! éduqués gredins ou soumis à l'action magnétique d'un plus gredin qu'eux [1]. Mais que dire des gens vertueux – bien rares il est vrai comme partout – descendants de familles vertueuses, élevés dans le culte de la vertu ? Combien elle est belle et touchante alors la pratique de cette religion, qui dans ses nombreux enseignements renferme aussi les préceptes de la charité, de l'amour du prochain, du pardon des offenses, du désintéressement des grandeurs, du peu d'estime des biens de ce monde et du mépris de la mort.

Y a-t-il en fait de pratique religieuse, un plus beau spectacle que la prière d'un bon musulman, le soir, dans la campagne, au soleil couchant, sur une colline dominant une grande plaine cultivée, avec de lointaines montagnes à l'horizon ? C'est à vous donner envie d'être dans l'âme de ce croyant, tant sa sérénité contraste avec le trouble qui nous envahit, lorsque impressionnés par un de ces grands spectacle dont la nature est si prodigue en Orient nous nous demandons : que croire ?..... – Lui

____

(1). Les arabes ont toujours cru aux phénomènes de sujétion.

cependant n'hésite pas : Il reporte toutes ses
actions, toutes ses pensées à Dieu ; pénétré de
sa grandeur, touché de sa grâce, confiant dans
sa mansuétude infinie, il tient la vie présente
pour bonne, en attendant qu'il lui en soit donné une meilleure.

Et ce juste qui, après sa confortante prière,
rentre calme sous sa tente, entouré de ses
nombreux enfants, de ses femmes, de ses serviteurs, au milieu de ses troupeaux ; n'est-il
pas aussi heureux, et ne s'endormira-t-il pas
d'un sommeil aussi paisible que l'homme ci-
vilisé de nos villes qui le soir après une journée agitée et fièvreuse, endosse un habit à
queue et met des gants blancs pour aller parler politique dans les salons, renier ses amis et
mentir à sa conscience qui lui crie vainement!

Rura mihi et rigui placeant in vallibus amnes.
Flumina amem, sylvasque inglorius !.....

On voit par ces traits, sommairement esquis-
sés, quelle influence a exercée la religion sur
les peuples d'Islam, combien elle contribue à
la formation de leur caractère, et combien à
son tour le caractère a aidé à la fondation de
la religion.

Avions-nous tort de dire au début que par
ses croyances, par son éducation, par ses goûts
et sa nature, l'arabe est plus porté qu'aucun
autre aux extrêmes ; et comprendra-t-on main-

tenant que dans la même race ou puisse trouver à la fois l'homme qui gouverne le mieux
ses passions ou qui s'abandonne le plus à elle ;
qui est le plus sujet à des fougues d'esprit et
à de mystérieux entraînements, ou qui est le
mieux réglé dans sa vie, dans ses pensées et
dans ses desseins ?

On peut d'une façon générale répondre à
peu près de ce qu'un français est capable de
faire ou de ne pas faire ; on ne saurait dire
de quoi un arabe est incapable, et il n'est pas
d'homme sur terre plus sûr ou moins sûr de
lui-même et de ses lendemains.

Ajoutez enfin à ces traits si nettement accusés, des dons étonnants et un instinct merveilleux. Qui n'a eu lieu d'être frappé des facultés d'assimilation que possèdent la plupart
d'entre eux ? Ces gens qui vous apparaissent
d'une pièce ont au plus haut degré le secret
des métamorphoses.

Vous avez ramassé dans les champs ou dans
la rue un pauvre diable mal vêtu, plus mal
nourri, humble et se faisant si petit ! atten-
tionné, presque obséquieux - avec mille pré-
venances. Il vous a quitté un beau jour sans
que vous ayez trop su pourquoi..... Six mois
après, un arabe de belle prestance, richement
vêtu d'une magnifique djeubba de soie moirée
et d'un fin burnouss, élégamment jeté sur l'é-
paule ; la tête encadré de ce ravissant harame

aux plis fins et nombreux qui leur donne tant de grâce et de distinction, vous arrive avec un air de patricien....... - Vous vous inclinez croyant à faire à tout le moins à un descendant du prophète et vous demandant à qui peut bien ressembler ce noble visiteur dont vous n'avez qu'un vague souvenir? Lui, jouissant de votre surprise, s'approche, et d'un air familier, quasi-protecteur :

— Tu ne reconnais pas ton fidèle Mohammed, ton ancien serviteur, ton ami ?

— Comment c'est toi Mohammed? répondez-vous d'un air un peu déconfit, - farceur vas ! je ne te reconnaissais ma foi plus. Tu es beau comme un astre ! qui as-tu détroussé, malheureux ?

— Je n'ai détroussé personne, Arfi, car vous n'êtes plus le Sidi des temps passés; Atani Robbi; (Dieu m'a donné). J'ai fait un héritage..... - un arabe a toujours un héritage prêt pour ces transformations quasi-spontanées qui semblent tenir de celles des chrysalides. Hier c'était une larve rampant péniblement à terre et y laissant les traces de sa sécrétion visqueuse; aujourd'hui c'est un superbe papillon, aux couleurs éclatantes, aux yeux effrontés et démesurément ouverts qui va butinant les fleurs et éployant ses ailes au soleil.

C'est à vous faire croire à la métempsycose !

Ailleurs, c'est un arabe de grande tente,

mais ruiné, besoigneux, en quête d'un emploi,
— empressé à l'obtenir, allant et venant. te-
nace, infatigable. Il se recommande de tous et
à tous, cherche les tenants et aboutissants
des gens au pouvoir, quette: des journées en-
tières ! le moment de pénétrer chez eux, s'y
faufiile enfin, les aborde avec toutes les mar-
ques du respect, leur baise humblement l'é-
paule, les caresse du regard — sait les faire parler, les écoute attentivement, les flatte — au
besoin cherche à les corrompre — et obtient
enfin la place si ardemment convoitéé !

Alors..... il faut renoncer à donner une idée
de la métamorphose ou plutôt de la transfigu-
ration qui va s'opérer en lui. La rue n'est
plus assez large pour contenir sa personne et
celles de ses amis ainsi que sa suite, — car il
a immédiatement recruté une suite et des amis.
— Sa démarche a pris de la dignité, ses traits
ont acquis de la noblesse, ses vêtements de
l'ampleur ; son burnous a d'autres plis !

Et il en est des facultés d'assimilation physique de ces êtres comme des morales. Cet
homme qui, selon les temps et les lieux, vivra
de quelques dattes sèches ou d'un peu de fa-
rine noire délayée dans de l'eau sale, est capable, un beau jour d'engloutir à lui seul un
mouton roti, ou d'avaler une immense gamelle
de couscoussou. Ceux qui n'ont pas assisté aux
festins homériques qui suivent les trente jours

de jeûne du Rhamadan ne peuvent se faire une idée du degré d'élasticité d'un estomac arabe [1]. Les ballons en caoutchouc et les sacs à bière des buveurs bavarois sont des jouets d'enfants au prix de ces outres vivantes. — Seuls, les boas de Bernardin de S' Pierre qui, on s'en souvient, avalaient des ânes sans les mâcher; ou les tarentules du Mikoudime qui faisaient disparaître des enfants endormis se rapprochent des appareils de digestion dont la généreuse nature a gratifié ces peuples si sobres.

Aussi ne faut-il jamais s'étonner de rien en pays arabe. Le vrai y distance trop souvent l'invraisemblable.

En résumé : le peuple arabe, qu'on peut appeler nomade, pillard, dévastateur, sauvage et féroce, est un peuple robuste, plein de séve et de jeunesse, fin, intelligent, actif, laborieux et économe ; qui n'est usé ni par la débauche, ni par le sceptitisme. Il est profondément religieux a conservé et conservera longtemps encore ses grandes traditions de haine de l'étranger et de l'amour de son drapeau. - Il nourrit de grandes espérances..... et a foi dans l'avenir. En un mot, c'est un peuple qui a du caractère et un caractère, et avec lequel il faut toujours compter.

(1). Ce jeûne dure 17 heures 25 minutes en ce mois de juin.

IV.

Et voilà le peuple que M. Pascal se propose de régénérer ! auquel il veut inculquer des idées françaises!! dont il veut faire: « le colla-
« borateur de notre œuvre civilisatrice en orient
« pour y consolider notre autorité morale que
« les fautes *initiales* de notre conquête algé-
« rienne ont compromise ! ! !... »

Le Coran, dont nous avons montré les pré-ceptes si fidèlement suivis, va se charger de lui répondre :

« O croyants, dit-il n'ayez aucun commerce
« avec l'infidèle ».

Et encore : « Fuis l'infidèle qui rejette l'is-
« lamisme..... »

Et plus loin « o croyants, vous enseignerai-
« je un moyen d'éviter la rigueur des tour-
« ments, croyez en Dieu et en son prophète ;
« combattez sous l'étendard de la foi ; faites
« le généreux sacrifice de votre vie et de vos
« biens. C'est pour vous la route du bonheur.
« Si vous le saviez ! Dieu vous pardonnera vos
« offenses ; il vous conduira dans les jardins
« où coulent les fleuves. Vous habiterez le dé-
« licieux séjour d'Eden et vous jouirez de la
« félicité suprême. Il vous accordera *les autres*

« *biens que vous désirez*, sa protection puissante
« et une victoire prochaine (Ch. LXI) ».

Et toujours : « N'offrez pas la paix. Vous
« êtes supérieurs à vos ennemis. Dieu est avec
« vous » !

Et enfin... si vous rencontrez les infidèles,
combattez les avec acharnement « jusqu'à ce
« que vous en ayez fait un grand carnage ;
« chargez de chaîne les captifs. Tel est l'ordre
« du ciel. Il pourrait les exterminer, mais il
« veut vous éprouver. (Ch. 47 le combat).

E ce sont des ordres aussi formels que M.
Pascal prétend commuer ! Voilà les collabora-
teurs qu'il veut prendre pour sa mission civilisatrice ! Et c'est d'eux qu'il attend la conso-
lidation de notre autorité morale en Orient ! !
mais on ne consolide en ce monde que ce que
l'ona. – Et, nous regrettons de le dire – dus-
sions nous nous attirer bien des colères à vouloir être trop fidèles à notre devise. – Nous
n'avons aucune autorité morale sur ces peuples, aucune. Sachez le bien. Ils nous détes-
tent et dans beaucoup de cas nous méprisent.
Quel spectacle d'ailleurs leur avons-nous donné
autre que celui de nos divisions, de notre faiblesse..... de notre impuissance ? Et qu'on se
garde bien de croire qu'ils ne le voient pas ;
ils sont au contraire admirablement informés de
tout ce qui nous concernent et tout différents
de nous ; s'ils ont des yeux, c'est pour voir ;

des oreilles, c'est pour entendre. L'arabe est ou ne peut plus observateur et il ne se fait pas faute de nous juger.

Au point de vue religieux, ils ne nous pardonnent pas d'être un peuple sans religion et sans croyances. Ont-ils tort ? Si l'Evangile nous disent-ils vaut mieux que le Coran, que ne le mettez vous en pratique, et pourquoi vous éloignez-vous tant des vertus qu'il enseigne ? Mais nous le pratiquons mieux que vous votre évangile : nous respectons Jésus-Christ, nous l'appelons Sidna (notre maître) ; nous le reconnaissons comme prophète. Lisez dans le Coran le chapitre XIX « Marie. La paix soit avec elle » vous verrez avec quel respect il en parle.

Que répondre à cela ? M. Renan lui-même y perdrait son hébreu.

Au point de vue politique, ils nous accusent de vouloir bouleverser le monde avec nos idées révolutionnaires et nos tendances socialistes, auxquelles ils ne comprennent absolument rien. C'est déjà à grand peine si l'on parvient à leur faire comprendre le mécanisme d'une république et les avantages qu'on peut retirer de cette forme de gouvernement. On voit de suite que cela les déroute et que ce n'est pas leur idéal. Vous avez beau ajouter qu'il y a de grandes nations comme les Etats-Unis d'Amérique qui n'ont jamais eu de rois et qui ne s'en trouvent

pas plus mal: ils ne s'en exclament pas moins
d'un Ajjaib (pas croyable)! où le dédain se
mêle à la surprise

Mais, nous disent-ils, vous devez être alors ter-
riblement divisés; et on doit pratiquer chez vous
sur une bien grande échelle la devise: « Va prier
que je prenne ta place»; et quelles craintes ne
devez-vous pas inspirer aux rois des autres nations? Ils doivent chercher à s'entendre pour se
liguer contre vous.

Que répondre encore? Il serait bien difficile
de leur expliquer que notre isolement peut faire
notre force, et que n'ayant pas d'alliance nous
ne sommes pas exposés, si nous restons sur la
défensive, à être entrainés dans des aventures.
Cela ne leur semble pas pratique et c'est trop
fort pour eux.

Enfin, l'antagonisme si affligeant du pouvoir civil et du pouvoir militaire, que nous
étalons jusque sous l'œil de l'étranger, produit
sur eux le plus déplorable effet: il leur mon-
tre un peuple désuni, en proie à des luttes
intestines; cherchant sa voie...

Et c'est dans ces conditions que vous voulez avoir de l'autorité morale sur ces peuples;
que vous vous proposez de les régénérer; de
les faire bénéficier de nos innovations religieu-
ses et politiques? Mais ils se trouvent bien supérieurs à vous, tout vaincus qu'ils sont; et
ce n'est pas de sitôt que vous les ferez changer

3

d'opinion – pas plus que de religion ! Dans cent ans, dans deux cents ans et plus, on retrouvera les arabes ce qu'ils sont aujourd'hui, alors que nous, nous aurons peut être encore bien changé. C'est le sentiment de tous ceux qui les connaissent. C'était, on s'en souvient, celui du maréchal Bugeaud, qui s'y entendait, et dont le pot-au-feu est resté légendaire. - Ce pot-au-feu composé d'un arabe et d'un français cuisants douze heures ensemble dans la même marmite, et qui, tiré au clair, donne du bouillon d'arabe et du bouillon de français parfaitement distincts.

Rien n'est plus vrai que l'éloignement profond de l'arabe pour nous et d'ailleurs pour tout ce qui n'est pas d'islam. Sans doute il se garde bien d'en rien laisser paraitre ; il est, nous l'avons dit, passé maitre en l'art de dissimuler et c'est toujours de l'eau qui dort. Au besoin il feindra les sentiments de la plus vive amitié. C'est un charmeur, un félin ! et vous êtes souvent pris à ses dehors pathelins et mielleux. Mais au fond, il ne se donne toute cette peine que parce qu'il vous craint, ou qu'il veut tirer quelque chose de vous. Croyez-le bien. Et tenez pour certain que du jour où ce peuple aura des chances de redevenir son maître, il se redressera tout d'une pièce, prendra l'offensive, et vous écrasera sans pitié [1].

____

[1]. « Je m'aperçois que les Arabes, nos alliés, cachent, *sous « une soumission apparente*, LA HAINE HÉRÉDITAIRE que les « musulmans nourrissent contre les chrétiens, et que nous igno- « rons la façon de les gouverner. C'est par la CRAINTE et la « FORCE que, PENDANT LONGTEMPS ENCORE, nous pourrons les « maintenir dans l'obéissance ». (Roches : *32 ans à travers l'Islam*).

Et n'est-ce pas naturel, légitime ? N'en ferons-nous pas autant nous-mêmes le jour où nous le pourrons ? Pourquoi refuser aux autres ce noble sentiment de l'amour de la patrie dont on est soi-même animé et qui chez ces peuples est encore exalté par la foi religieuse et par les récompenses promises ? [1] : le guerrier mort sur le champ de bataille va droit au ciel. Ses intentions sont rectifiées !

« La récompense de ceux qui mourront « pour la foi ne périra point ! Dieu sera leur « guide : *il rectifiera leur intention*. Il les intro- « duira dans le jardin de délices dont il leur « a fait la peinture... (Ch. du Combat) ».

Il suffirait qu'un marabout autorisé exhumât ces textes et prêchât la guerre sainte pour faire parler la poudre et convertir en fauves ces mêmes tunisiens qu'on se plaît à traiter d'agneaux et qui le sont en effet tant qu'ils se sentent les plus faibles et que la religion n'est pas en jeu.

Mais si ce protégé dont vous allez instruire les soldats, rétablir les finances et rehausser l'autorité, - ce protégé qui est plus patient, plus dissimulé et plus résolu que vous ne le pensez - redevient puissant et riche : il y a fort à craindre que dans un conflit européen il ne cède aux propositions, peut-être même aux menaces

---

(1). Combien d'Arabes ont eu la loyauté de nous tenir ce langage.

d'une autre puissance. Dans ce cas le protecteur pourrait avoir fort à faire s'il voulait
tenir tête à plusieurs adversaires à la fois.

N'en avons-nous pas eu l'exemple en Algérie lors de la guerre de 1871 ? Au moins en
Algérie avait-on eu la prudence de décentrali-
ser les arabes, de les diviser ; tandis qu'ici vous
vous proposez de les unir, de les centraliser ! [1].
Mais c'est le comble de l'imprudence ; et le
sentiment d'anxiété avec lequel les gens sensés
envisagent l'avenir n'est que trop légitime... Il
nous semble impossible qu'on ne voit pas que
le protectorat est gros de dangers, et par suite
gros de préoccupations et d'inquiétudes pour
ceux qui se sont fixés dans ce merveilleux pays
ou qui seraient tentés d'y venir. C'est plus
qu'un obstacle c'est une entrave au développement de la colonie.

Est-ce à dire que nous estimions qu'il serait
facile de : « décréter un beau matin que la
Tunisie serait terre française » ? Nous n'avons
point cette sotte naïveté et nous estimons que
c'est tâche délicate. Mais c'est le cas ou jamais d'utiliser les qualités incontestables de diplomatie que possèdent le président du conseil
ministre des affaires etrangères, et le ministre

---

(1). « Les Turcs ont dominé les Arabes en maintenant la di-
« vision entre leurs chefs: Si nous favorisons chez eux l'unité du
« pouvoir quelles difficultés ne rencontrera pas notre domina-
« tion ? » (Roches, ibid.)

résident à Tunis. Et que ne l'ont-ils dejà entrepris? Fallait-il donc attendre que la colonie à bout de force et de patience en prît l'initiative.

Et quel plus beau titre à là reconnaissance de tous – français et tunisiens? Quel oubli des fautes commises; quelle absolution du passé! Le jour où ce résultat serait obtenu, quelle statue on éléverait à M' de Freycinet! Quel arc de triomphe à M' Cambon! – Ce serait à qui souscrirait.

Quant à l'effet produit dans le monde musulman il serait tout autre que ne le suppose M' Pascal. Ce dont s'étonnent le plus les arabes, c'est de l'indécision et de la mollesse qui caractérisent notre administration.

De deux choses l'une, disent-ils: ou vous êtes ici pour y rester, et alors installez vous y franchement, définitivement, avec l'autorité et le prestige qui conviennent à une grande nation comme la France. Réformez sans plus tarder ces abus monstrueux qui nous affligent tant nous-mêmes; qui vous avaient si vivement frappés à votre arrivée; et auxquels vous semblez vous être habitués en vivant dans cette atmosphère malsaine, saturée d'odeurs pires que celles du lac de Tunis.

Perfectionnez vos propres lois, surtout celles qui touchent à la procédure. Multipliez vos tribunaux et vos juges pour que les lenteurs de cette

même procédure n'éternisent pas les procès [1].
Nous ne demandons qu'à nous soumettre en
matière civile à vos magistrats pourvu que la
justice soit expéditive, et ne coûte pas par
trop cher. Ceux, qui ont débuté ici nous ont
appris à les estimer ; leurs successeurs continue-
ront, nous en sommes persuadés, ces grandes
traditions d'indépendance et d'incorruptibilité
qui font la gloire de la magistrature française
et qui hélas! ne font pas toujours la nôtre.

Empruntez à la Belgique ces belles institutions de crédit agricole qui font sa prospérité :
elles nous délivreront enfin de cette plaie de
l'usure qui nous ronge, nous déshonore et pa-
ralyse notre développement. La terre est mer-
veilleusement fertile ici, – riche au delà de
ce que vous pouvez croire – elle vous paiera
largement des avances que vous lui aurez faites.
Entreprenez de grands travaux, des ponts, des
routes, des chemins de fer, des barrages —
surtout des barrages ! [2] Et vous reconnaitrez
qu'aux époques florissantes de l'histoire de ce
pays, on avait raison d'appeler la Tunisie un
grenier d'abondance. Elle peut si facilement
devenir celui de la France. C'est par millions
de tonnes que vous pouvez charger des navi-
res faisant voile vers l'Europe et y emporter
les blés, les orges, les légumes, les fruits, les

---

(1) Il y a plus de six cents affaires en retard et dans le nombre,
des affaires inscrites depuis plus de deux ans sans avoir vu le rôle.

(2) Voir le 2ᵐᵉ fascicule.

huiles, les dattes, les vins, sans parler du bétail, des peaux, des laines, des étoffes et des minerais. L'Algérie ne produit qu'une quantité de blés durs insuffisante à la consommation française, et la France reste tributaire pour les blés, de la Mer Noire, de l'Inde, de l'Australie; pour les orges, de la Russie et de la vallée du Danube; pour les huiles, de l'Espagne et de l'Italie. Hâtez-vous donc ! qui vous arrête; que risquez-vous ? Vous ne sauriez y perdre et nous ne pouvons qu'y gagner. Mais de grâce ne vous attardez pas à ces mesquines questions d'équilibre de budget qui se solde ou ne se solde pas par un excédant. Dédaignez ces tricheries de plus values qui ne trompent personne. Elles sont indignes de votre drapeau. Et fussent-elles vraies ! vous n'êtes pas venus ici, nous supposons, pour y faire de misérables économies et achever de tondre sur notre dos le peu de laine qui y reste. Alors que vous avez dépensé quatorze cents millions en Algérie, vous n'en dépenseriez pas dix ici, quand il vous est si facile de les garantir par des obligations? Escomptez l'avenir : il vous le rendra au centuple. La Tunisie est une mine d'or : exploitez la; et ne ressemblez pas à cet avare qui plutôt que d'acheter une mule pour enlever son trésor le laissa aux mains de l'ennemi.

Enfin, ajoutent-ils, c'est par des actes et non par des discours ou des écrits que vous nous prouverez que vous avez sérieusement l'intention de vous établir ici.

Ou bien, disent-ils – c'est la seconde hypothèse, – vous êtes ici temporairement.... de passage ; et c'est là, ce qui nous inquiète et nous fait redouter l'avenir, parceque nous vous préférons à toutes les autres nations – même à la Turquie. Instruits par les leçons de l'histoire et par la marche des évènements politiques, nous savons que le nord de l'Afrique est voué à la convoitise et aux compétitions des peuples d'Europe. Si nous devons momentanément disparaitre, – et nous y sommes résignés comme à tous les décrets de la Providence ! – Nous souhaitons que ce soit la nation la plus généreuse qui nous dicte ses lois.

Tel est, avec plus ou moins de variantes, le langage uniforme que tiennent les musulmans éclairés. Parcourez les villes et les campagnes, pénétrez chez le tunisien instruit ou chez l'arabe de grande tente, s'ils voient qu'ils n'ont rien à craindre de vous, ils vous exprimeront très franchement leur façon de penser, souvent dans un langage fort digne. Et, pour peu que vous les encouragiez, ils vous tiendront textuellement ce langage, – *d'un bout à l'autre de la Tunisie,* – « matsemmache heu-« koum melli djitou ; helkette el blade ; em-« mecchette friga ; ennetouma kotoltouha. Il n'y

« a plus eu de justice ici du jour où vous
« êtes venus ; le pays est ruiné, la Tunisie se
« meurt ; c'est vous qui l'avez tuée ».

Et tout cela est conforme à leur caractère :
habitués comme le sont les arabes à la manifestation de la force dans le pouvoir, élevés
d'ailleurs à l'école du plus parfait despotisme,
les demies mesures leur font hausser les épau-
les ; ils ne comprennent rien à nos lenteurs,
à notre timidité ; rien non plus à ce que nous
appelons le statu quo, — car il est tout à fait
inutile d'espérer faire comprendre à des arabes
ce que peut bien être un protectorat.

Ils n'en retiennent que ce fait c'est qu'ils
ne sont pas protégés contre les droits exorbitants du fisc ; que la France leur en fait
payer de non moins exorbitants à l'entrée de
leurs marchandises chez elle ; et qu'en outre
le protecteur vit et fait des économies à leurs
dépens. Le résident général et les chefs de
service français ne sont-ils pas payés sur les
deniers déjà si rares du pays ; la magistrature
française ! n'émarge-t-elle pas au budget, et
un peu plus sans l'indignation du général en
chef, l'armée, oui ! l'armée française n'allait-
elle pas en faire autant ?

Appeler cela du protectorat lui semble une
amère ironie ; c'est comme si, nous inspirant
du colloque bienveillant du cuisinier et de ses
canards, nous leur tenions ce langage :

« Voyons, Messieurs les arabes, vous êtes nos amis ; nous sommes venus pour vous protéger, – nous vous l'avons dit et vous le savez. Mais dites-nous un peu : à quelle sauce voudriez-vous bien être mangés ? Et surtout ! ne sortez pas de la question. L'arabe après un instant de silence, vous répondrait avec sa fierté dédaigneuse : Eh ! mangez-moi donc sans tant de phrases, je sais bien que je suis vaincu. En prolongeant mon agonie, vous prenez le rôle du tigre et vous me laissez celui du lion.

Ce langage qui nous a été tenu *littéralement* a bien sa fierté.

L'arabe qui n'entend rien à nos pudeurs, comprend très bien l'image de la vie des peuples quand on la lui représente sous la forme d'un moulin mis en action par deux bêtes de complexion et de sexes différents qui tournent éternellement sur la même piste sans jamais se rejoindre : l'une s'appelle la Force, l'autre le Droit. Le Droit court après la Force et la Force aprés le Droit sans s'unir. Tantôt c'est l'un qui tire le plus fort, tantôt c'est l'autre ;..., mais ils tirent toujours, frappés sans relâche par le fouet de la destinée.....

Si le Droit a épuisé les efforts et l'intelligence de ceux qui ont cherché à lui donner une définition, la Force en revanche s'en est jusqu'à ce jour très bien passée ; et quand un loup mange un agneau, il lui en donne la meilleure des définitions. Cependant, il y a de par le monde des loups bons princes qui ont des gouts d'orateurs et qui, pleins de déférence pour l'agneau qu'ils veulent dévorer se donnent la peine de lui expliquer que ses ancêtres ont troublé l'eau qu'il allait boire lorsqu'il l'a aperçu. C'est bien peine perdue avec l'arabe qui ne voit qu'une chose en ce monde : Etre ou ne pas être — to be or not... to be. Il est vaincu, donc il doit céder, jusqu'à ce qu'il puisse se relever. Mais s'il voit que vous n'osez pas profiter de votre victoire, lui qui ne s'incline que devant la force, qui n'a d'admiration que pour elle, il vous méprise et cherche à tirer profit de votre faiblesse.

Aussi quel déplorable effet a produit sur leur esprit la lutte de l'autorité civile et de l'autorité militaire et la diminution des pouvoirs de l'armée qui s'en est suivie. L'armée frappait dur quelquefois - c'est vrai ; mais jamais sans raison ; et elle inspirait au moins cette juste et salutaire terreur dont nos colons ont tant besoin pour la sécurité de leurs troupeaux, de leurs récoltes et pour leur sécurité personnelle. Car l'arabe, il faut bien le dire, est, en général, foncièrement voleur et coupeur de routes, en Tunisie comme ailleurs. Le vol à main armée est une escarmouche au petit pied ; les textes aidants, ils ont bientôt fait de lui donner un caractère religieux : le produit devient du butin de guerre ; c'est autant de pris sur l'infidèle.

Outre l'avantage, déjà si grand, de donner de la sécurité à nos colons et de réaliser de grandes économies ; l'attribution momentanée d'une part d'autorité à nos chefs militaires avait cet autre avantage d'assurer la rapidité dans la répression des crimes. Rien ne frappe plus l'esprit arabe M. Roches en cite un exemple entre plusieurs que nous lui emprunterons :

« Je viens d'assister, à propos d'un assassinat, à une instruc-
« tion sommaire que je livre aux *imprécations* des philanthropes
« mais qui me parait *très rationnelle et très conforme* aux mœurs
« et aux coutumes des arabes.

Un allemand avait été assassiné, le lieutenant Vergé fait battre la campagne par des spahis qui au bout de quelques minutes, ramènent une dizaine de bergers : « Ils ne sont pas plutôt à portée
« d'être vus que le compagnon de l'allemand assassiné se préci-
« pite sur l'un d'eux, le saisit à la gorge et s'écrie qu'il le re-
« connait pour un des assassins. En se voyant saisi, *il ne laisse*
« *paraitre aucune émotion.* On l'amène devant le cadavre de l'al-
« lemand. *Il feint l'étonnement ;* on l'accuse d'être l'auteur de cet
« assassinat. *Il nie tout avec une calme assurance.* Le Kaid qui
« connait les arabes, ordonne qu'il soit mis sous le bâton.

« Après le trentième coup il crie qu'il va tout avouer, il se
« relève et désigne comme les assassins deux bergers qui habi-
« tent un douar prochain. Nous nous y rendons, on fait compa-
« raitre les accusés.

« Les dénonciations se succèdent rapidement et après quelques
« coups de bâton, cette instruction qui avait duré deux heures
« à peine, avait amené la découverte de quatre coupables qui
« avaient avoué leur crime.

A une demande faite à l'un d'eux : Pourquoi as-tu tué cet homme ? Voici la réponse caractéristique :

« Ce n'est pas un homme, c'est un chrétien ».

« Bref. Le rapport du lieutenant est soumis à un tribunal qui
« a recueilli les aveux et 24 heures après leurs têtes roulaient.

« Si un juge français eut été chargé de faire une instruction
« semblable 20 arabes auraient été détenus plus de six mois, les
« coupables n'auraient pas été sans doute découverts, faute de
« témoins, et l'impunité aurait encouragé de nouveaux crimes. La
« justice sommaire des musulmans répugne a nos idées, mais
« elle est appropriée aux mœurs et au caractère des arabes.

Nous avons été à notre tour témoin de plusieurs faits semblables mais particulièrement d'un récent qui s'est passé dans la Régence et que le lecteur nous saura gré de lui citer.

On sait, ou plutôt on ne sait pas assez que dans le grand massif montagneux formé par la Kroumirie, les Nefsas, les Ammedoune et la Chiahia, il y a de magnifiques forêts qni couvrent d'immenses espaces, troués çà et là de fraiches prairies que traversent des cours d'eaux vives et abondantes. Ces forêts où domine le chêne-liège peuvent donner un jour de très beaux revenus à l'Etat et enrichir bon nombre de particuliers ; elles assurent en outre la conservation des sources précieuses qui, s'échappant nombreuses du flanc des montagnes, vont fertiliser les bas coteaux et les plaines.

L'exploitation de ces forêts n'offre pas de trop grandes difficultés grâce à la belle route qui partant de Souk-el-Arba et passant par Fernana, bifurque à Ain-Drahm pour aller à La Calle ou à Tabarka, pénétrant ainsi dans le cœur de la Kroumirie.

Cette route qui se déroule sur une étendue de plus de 80 kilomètres, entièrement faits par le camp d'Ain-Drahm, est une des plus intéressantes qu'on puisse voir. Elle traverse un pays très accidenté, souvent sauvage, mais parfois aussi d'un grand caractère et d'une rare beauté ; les précipices y abondent ; les vallées succèdent aux vallées, les torrents aux torrents ; mais sans monotonie, avec des aspects toujours nouveaux qui donnent la sensation de l'inattendu. De temps à autre, l'œil s'arrête agréablement sur de gigantesques roches aux teintes jaunâtres ou grisâtres revêtues de mousses diversement colorées qui de loin les font paraitre de tapis de l'Inde jetés çà et la sur de riches verdures

Ombragée dans une bonne partie de son parcours par de grands chênes-verts, droits comme des i et hauts comme des tours, la route, qui tantôt monte et tantôt descend, côtoyant par fois des gorges très escarpées, forme pour atteindre le sommet d'Ain-Drahm une infinité de lacets au tournant desquels on se trouve tout-à-coup en présence de sites grandioses aux horizons infinis, d'un aspect et d'une grandeur qui vous saisissent. C'est moins harmonieux de lignes et moins somptueux que l'Italie, mais c'est aussi moins ordonnancé, plus sévère et plus grand.

Par une chaude journée du mois d'août de l'année dernière, des incendies éclatèrent dans les Mekna, dans les Heummeràne et au Djebel Eddir, tout à coté d'Aïn-Drahm, à mille mètres au plus du camp, - car c'était bien le camp que les incendiaires s'étaient proposés de brûler. Pour mettre à exécution leur sinistre projet ils avaient bien eu soin de choisir un jour de *chehili*, sorte de siroco soufflant de l'Est à l'Ouest, et pouvant entraîner les flammes dans la direction du camp.

Par trois fois, le vent ayant tourné, ils rallumèrent le feu, toujours dans la direction d'Aïn-Drahm, gagnant chaque fois du terrain. À ce moment, et comme obéissants à un mot d'ordre, d'autres incendies plus effrayants éclataient dans l'Ouest, sur les confins de la frontière algérienne, et menaçaient de fermer toute issue à nos troupes.

Mais les incendiaires avaient compté sans l'énergie du colonel Watringue dont Aïn-Drahm a eu tant de fois l'occasion d'apprécier la vigueur et l'esprit de résolution, - alliés, cela va sans dire, à la plus grande droiture. - Admirablement secondé par l'infatigable et énergique capitaine Vincent, par l'intrépide lieutenant Famechon (aujourd'hui capitaine), par le sous-lieutenant Keck, qui a fait preuve en cette circonstance d'une rare valeur; réchauffant le zèle et l'entrain de nos troupes harassées de fatigue, le colonel parvint promptement à se rendre maître du feu et à éviter de grandes pertes, peut être même de grands malheurs.

(Les incendies n'en ont pas moins brulé environ 10.000 hectares de forêts de chêne-lièges: soit à 50 arbres par hectare et à 20 fr. de revenu minimum par hectare 200.000 francs par an (si les arbres étaient démasquelés).

Mais ce qui, mieux que toutes les tranchées faites par nos braves soldats, a arrêté les projets criminels des incendiaires: ça été l'éxécution de deux d'entre eux, pris, la torche à la main, et passés par les armes le jour du marché d'Aïn-Drahm, en présence des tribus venues des environs. Le sentiment de terreur inspiré par cette éxécution qui, nous n'avons pas besoin de le dire, avait été précédée d'une enquête minutieuse, a été la plus salutaire des mesures, et alors que les incendies d'Algérie duraient encore 22 jours après, ceux d'Aïn Drahm n'avaient duré que quatre jours.

La rapidité des instructions et une énergique répression des crimes, voilà bien ce
qui frappe l'esprit arabe ; et tel est l'ensei-
gnement que nous voulions tirer du fait que
nous venons de raconter. Le lecteur en tirera
un autre du récit d'une scène féroce qui se
rattache à ces incendies et qui peint bien le
caractère sauvage de la femme arabe.

Le soir de l'exécution, à la tombée de la
nuit, les parents des exécutés vinrent demander au colonel l'autorisation d'enlever les
cadavres qui étaient restés exposés toute la
journée au pied d'un écriteau donnant en
arabe la sentence de mort. Elle leur fut
immédiatement accordée, et ils les emportèrent
silencieux et recueillis en psalmodiant l'*Ollah
akbor*.... Mais à peine étaient-ils arrivés dans
la forêt qu'ils y furent accueillis par des cris
ou plutôt des hurlements de bêtes fauves....
C'étaient les femmes qui les attendaient : hale-
tantes de colère, l'œil enflammé, les narines
battantes, semblables à de vraies furies aux
cheveux épars, et en partie arrachés..... la
poitrine ensanglantée de déchirures ; les vêtements en lambeaux, presque nues, -- avec de
grands morceaux enlevés.... affreuses à voir !
Elles les accablèrent de malédictions épouvan-
tables, leur crachant à la figure et les mena-
çant du poing : « Ah ! lâches, vociféraient-
elles, fils de lâches, qui avez laissé assassiner

vos fils et vos frères, sans venger leur mort!
C'étaient donc là les serments que vous nous
faisiez sur nos couches : par les mânes de
nos pères! par la tête de nos enfants! Ah!
chiens! fils de chiens! Vous allez voir le cas
que nous faisons de leurs dépouilles et celui
que nous ferons des vôtres quand les roumis
vous égorgeront ». Et, se précipitant hideuses,
sur les cadavres, pareilles à des louves avides
de carnage, elles enfoncèrent à plaisir leurs
doigts dans les trous des balles pour en faire
jaillir du sang et le boire... S'aidant ensuite des
ongles et des dents, elles leur arrachèrent les
yeux, le nez, les oreilles, les autres extré-
mités.... jusqu'aux ongles des pieds et des
mains! Elles jetèrent ces débris au vent ; et
piétinant les restes mutilés, elles se mirent à
danser autour des morts une danse du ventre,
voluptueuse... effrénée... immonde! qu'elles
accompagnaient de gestes obscènes et des
notes aiguës du iou! iou! iou! — sorte de chant
bachique, qui prélude d'ordinaire aux fêtes
des circoncisions et des mariages.

La nuit se passa en cris, en imprécations
et en menaces de mort contre les roumis — les
hommes s'échauffant peu à peu, on aurait pu
croire à une affaire,.... lorsque le lendemain,
à la pointe du jour, le capitaine Vincent, au
courant de ces faits, se rendit dans la forêt,
suivi simplement de son spahis, et là, en

quelques paroles brèves et significatives, leur intima l'ordre d'avoir à cesser leurs cris et à ensevelir les morts — ce qui fut fait immédiatement sans l'ombre d'un murmure.

L'uniforme, l'uniforme ! Voilà pour longtemps encore la meilleure garantie de notre sécurité en Tunisie, et le roulement du tambour que méprise si fort M. Pascal ne mérite vraiment pas autant de dédains : [1]

Dans l'acrimonieuse lutte du pouvoir civil contre le pouvoir militaire dont tout le monde a été témoin ici et qui nous a tant affligés, on a souvent reproché au général Boulanger, lorsqu'il, commandait ici l'armée d'occupation, de faire trop *le chef*; de ne jamais sortir qu'en tenue, escorté de ses aides de camp, suivi de ses spahis ; de donner des fantasias et des fêtes, enfin de faire trop d'étiquette. Quel contraste, disait-on, avec la simplicité du Ministre Résident qui ne fait pas d'embarras, pas de réclame, qui vit modestement à la Marsa comme un simple bourgeois.

---

(1) Est-ce à dire qu'il faille faire de la répression à outrance ? à Dieu ne plaise ! Une rigueur excessive produirait, ici comme ailleurs, un effet diamétralement opposé au but que l'on voudrait atteindre.

À toutes les époques de l'histoire la cruauté dans la répression a changé l'horreur inspirée par le crime en un sentiment de pitié — presque de sympathie, pour le criminel. Il faut donc faire preuve ici d'éclectisme et de mesure. Mais d'un autre côté il faut bien se garder d'un humanitarisme puéril qui passerait ici pour de la faiblesse.

4

Eh bien ! qu'on consulte les arabes sur l'impression qu'à produite le Général et sur les souvenirs qu'il a laissés. Ils vous diront tous que jamais la France n'a été si dignement représentée ; et que malgré la crainte que leur inspirait le Général, ils n'avaient jamais eu qu'à se louer de son affabilité et de sa bienveillance. — Ils ont été surtout frappés de sa franchise, de sa droiture et de sa haine du mensonge. Ils ne s'étonnent pas s'il est ministre de la guerre aujourd'hui. Rajel sahabe neufsse, tsika ou sahab hak (un homme fier, ami de la vérité et du droit).

On oublie toujours que nous sommes en pays arabe ; que les arabes sont très fins ; que rien ne leur échappe ; et qu'ils se trompent rarement dans les jugements qu'ils portent sur nous.

VI.

Le pouvoir qui se manifeste à l'occasion par des actes prompts et énergiques est le seul qui inspire aux arabes le respect. L'emblème de la justice en pays d'orient ne doit pas être une béquille ; elle arriverait trop souvent en retard ! Ne vaut-il pas mieux d'ailleurs prévenir les crimes que de les punir ; et y a-t-il rien de plus salutaire que

que de rassurer les bons et de faire trembler
les méchants ? Malheureusement c'est le contraire qui a lieu ici ; les bons tremblent et
les méchants prospèrent.

Ce qui se passe de vols, de prévarications,
d'achats de sentences et de concussions, est
vraiment inoui. Et cela au vu et au su de
tout le monde, malgré toute la vigilance,
toute l'intelligence de certains ministres et
des chefs de service préposés á la sur-
veillance administrative et judiciaire. Outre
que ces malheureux sont débordés de travail,
ils sont par leur position même et par leur
entourage, dans l'impossibilité d'être bien
informés. On comprend qu'on n'oserait jamais leur dire ce qui se dit ou ce qui échappe
sous la tente ou dans les salons des fins et
intelligents tunisiens.

Que n'usent-ils de temps à autre du pro-
cédé d'information auquel avait recours le
célèbre Aaroun Errachid, qui ne s'en rap-
portait pas toujours à ses familiers, et qui
se méfiait particulièrement des flatteurs ?
Déguisé en muletier ou en marchand, il pé-
nétrait dans les cafés maures, dans les fon-
douks, et surtout chez les barbiers où se
tiennent les beaux et fins parleurs, et où
l'on parle avec le plus de liberté. — Sans
doute parce que le fait de livrer sa tête á
un homme armé d'un instrument aussi tran-

chant qu'un rasoir, a dû engendrer chez tous les peubles, et particulièrement chez les arabes qui se font raser le crâne et le cou, une confiance obligatoire qu'a de tout temps exploitée le figaro du lieu au profit de ses enquêtes sur les affaires publiques et privées. Là, inconnu ou reconnu, Aaroun en entendait parfois de fortes sur le compte de ses ministres et même sur son propre compte ; mais en grand prince qu'il était, loin d'en prendre ombrage, il en profitait pour mettre de l'ordre dans son personnel et dans sa personne.

S'inspirant d'un aussi noble exemple, M. Pascal devrait bien revêtir de temps en temps la Kecheta, le harame et les beleras pour recueillir certaines confidences intimes : il serait vite édifié sur l'opinion du monde musulman en matière de Protectorat.

Mais qu'aurions nous fait, dit-il, de la famille beylicale qui règne depuis 190 ans sur ce pays ? Ce que nous aurions fait ? Une chose bien simple : Un pacte d'amitié avec faculté de séjour et avec le titre de Bey honoraire, le tout scellé d'une large indemnité pécuniaire proportionnée au sacrifice. Au fond la famille beylicale a fait ce sacrifice. Ce qu'elle désire avant tout c'est le bien de ses sujets ; elle les voit souffrir avec peine, croyez-le bien ; elle a le cœur trop

haut placé pour ne pas éprouver ce sentiment, quand on vient gémir auprès d'elle
sur ce que la justice n'a plus de cours; sur
la rigueur avec laquelle on fait payer les
impôts arriérés à des malheureux qui sont
obligés de vendre le bétail avec lequel ils
cultivaient, pour échapper à la prison dont
on est si prodigue, et où on laisse les accusés
des mois sans les juger.

Quant à l'histoire de sa domination de
190 ans, sur laquelle M. Pascal nous per-
mettra de.... glisser sans appuyer, il faut bien
convenir... qu'elle n'a pas toujours été des
plus édifiantes. Si elle a été souvent glo-
rieuse ; si elle a compté des souverains il-
lustres, de grands administrateurs, des princes
de génie; elle a fourni en revanche de fa-
meux gredins à qui ne répugnaient ni le
meurtre ni la corde ; et qui s'offraient entre
eux la tasse de mauvais café avec une générosité toute princière. D'ailleurs le fils ne suc-
cédant pas au père, mais bien le frère au
frère, et à défaut du frère, le cousin ; les
liens de parenté étant moins resserrés, le
crime présentait moins de gravité.

Pour terminer, il nous reste à examiner
la question de l'annexion au point de vue
européen qui est assurément le plus délicat,
et sur lequel nous nous garderons bien de
nous appesantir. Cependant il nous sera bien

permis de dire que les italiens souffrent et
souffrent beaucoup. Combien vivent sur leur
capital ! Quant à ceux qui n'ont pas de capital, ils sont dans une grande gêne ; les
affaires sont de plus en plus difficiles et la
situation est énervante au plus haut degré.
Tout le monde est d'avis d'en finir. Les an-
glais, représentés ici par les maltais, comme
les autres ; ils ont d'ailleurs toujours été sym-
pathiques à la France et ils seraient les derniers à se plaindre ; ils savent ce qu'ont
gagné leurs compatriotes en Algérie et ce
qu'ils gagneraient avec nous.

D'ailleurs aucune puissance n'est assez
naïve pour croire que nous abandonnerons
la Tunisie, et pour ne pas voir que le Protectorat n'est au fond, sinon dans la forme,
qu'une annexion déguisée. Or à en juger
par les évènements politiques de ces dernières années, il semble que la meilleure
diplomatie ait été celle qui s'est le plus servi
de la vérité. En tout cas, si on a en haut
lieu de bonnes raisons pour déguiser sa pensée, ce ne sont pas les Talleyrand qui man-
quent. Mais surtout, qu'on ne vienne pas re-
procher à la Colonie, comme on l'a fait, de
compromettre par une publicité intempestive,
des démarches qu'on veut tenir secrètes. La
plus petite démarche serait le secret du soleil,
comme disent les arabes. Et pourquoi n'avoir

pas utilisé les trois années qui se sont écoulées depuis la suspension des capitulations ? Elle expire pour l'Italie au mois d'octobre prochain.

En résumé, de tous les arguments présentés par M. Pascal, pour le maintient du Protectorat, aucun n'a un caractère qui s'impose et nous doutons qu'il réussisse à rallier les gens sérieux à une cause désormais perdue.

C'est bien ainsi que l'envisage M. Pierre Foncin, dont M. Pascal ne fera pas, nous l'espérons, *un frondeur étourdi*. Dans un article qui a paru l'année dernière dans *la Revue bleue*, il conclut nettement à l'annexion :

« La politique de M. Cambon, dit-il, nous paraît
« excellente à titre de politique de transition dans
« la Régence, mais il serait peut-être excessif et
« dangereux de la considérer comme longtemps
« applicable à ce pays. Pour dire toute notre pensée
« le Protectorat *n'a pas de fin en soi*, il ne peut
« être qu'un moyen passager de préparer l'assimi-
« lation de la Tunisie à la France.

« Remarquons tout d'abord combien est instable,
« malgré l'accroissement des pouvoirs du protec-
« teur, l'équilibre du système qui régit le protec-
« torat. Le bey règne et continue à gouverner dans
« certaines limites. Quelles sont ces limites? Où sont
« elles écrites? En cas de conflit entre la Résidence
« et le Bardo, qu'arrivera-t-il? Qui prononcerait?

« On voit qu'il n'y a pas là une machine rigou-
« reusement construite, ni matériellement réglée,
« mais un régime en quelque sorte *moral* dont la

« solidité dépend de l'accord de deux personnes.
« Supprimez l'heureux accord de cette dualité et
« tout est rompu. M. Cambon est en dernière analyse
« l'âme du protectorat et dans ce sens il exerce un
« pouvoir *personnel*. Sans lui que deviendrait le
« protectorat, on l'ignore. On ne pourrait d'ailleurs
« lui faire un crime d'avoir créé un organisme qui
« fut sien, mais justement parce que cet organisme
« n'a pas *d'existence personnelle*, il n'est pas du-
« rable.

« La préoccupation de l'avenir s'impose donc à
« nous, et c'est l'avenir de la Tunisie surtout que
« nous serions disposé à ne pas entrevoir exacte-
« ment sous le même jour que M. Cambon l'aperçoit.

« En résumé, finit l'auteur : le protectorat est une
« transition nécessaire mais puisse-t-elle durer tout
« juste assez pour finir *honorablement*. L'idéal du
« gouvernement n'est-il pas de travailler à se ren-
« dre un jour inutile ! »

Est-ce que ces paroles si justes, si sensées,
d'un style si simple, ne valent pas tout le
lyrisme de l'ancien préfet de la Gironde, lyrisme qui se traduit tour à tour en de ful-
gurantes images ou en des pleurs séniles
et touchants comme ceux-ci :

« On a vu des ménages désunis retrouver
la paix auprès d'un berceau !.... » On san-
glotte à la pensée de ce berceau.... et, vaincu
par l'émotion, on s'apprête à lui donner toute
sa tendresse.... lorsqu'on recule épouvanté
à la vue *des frondeurs étourdis, des gens
peu scrupuleux, des viticulteurs, et des es-*

prits réfléchis, qu'on y trouve couchés pêle
mêle *avec les arabes* en une inquiétante
promiscuité...

Il faut lire toute cette plaquette N⁰ VI,
intitulée *Vues d'ensemble*. Elle atteint les
hauteurs d'une épopée. La phrase n'y est
plus réduite à cette élégante et relativement
sobre armature des stylistes de 1848. Elle
prend des proportions gigantesques, des lon-
gueurs inusitées, soutenues par des vocables
sonores, rythmées en retentissantes cadences
et colorées de toutes les splendeurs des pour-
pres et des ors.

Aussi quels étincelants décors ! Et à la fin,
quel splendide feu d'artifice terminé par un
bouquet éblouissant, mais terrible, dont les
gerbes retombantes éclatent en bombes et en
pétards dans les jambes du corps diploma-
tique invité à la fête, et disparaissant tout
entier dans la catastrophe, final tonnant,
dans lequel se mêlent et s'entremêlent le
beau, le mystérieux, l'horrible et l'effréné
en un suprême éclat !

Ironie à part. On sent que l'Orient a déteint
sur le cerveau du touriste et que le soleil
d'Afrique a passé par là : Ce n'est plus
du lyrisme c'est du délyrisme ; et les images
qui passent sous vos yeux, incohérentes,
disconnexes, ont l'illogisme du rêve, et vous
laissent le sentiment du vide.

Au moment de faire paraître ces notes on nous communique un article important de M. Paul Leroy-Beaulieu annoncé par l'agence Havas et qui a paru dans les *Débats* du 21 juin. Il conclut à repousser toute idée d'annexion de la Tunisie à l'Algérie.

De la Tunisie à l'Algérie, personne ne la demande — pas plus l'Algérie que la Tunisie — et ce n'est pas dans cette voie que nous suivrons le savant économiste : Elle ne ferait qu'égarer l'opinion publique. Mais ce qui nous surprend, c'est que M. Paul Leroy-Beaulieu semble ignorer que l'Algérie entend s'opposer de tout son pouvoir à l'assimilation des produits tunisiens aux produits algériens à leur entrée en France. Ses Chambres de commerce ont envoyé des protestations au Corps législatif et ont donné mandat à leurs députés de combattre énergiquement cette mesure.

Le raisonnement des Algériens est bien simple : Ou vous êtes Français, disent-ils, ou vous êtes étrangers. Si vous êtes français, rien de mieux : Nous importerons chez vous; vous exporterez chez nous ; les choses se passeront en famille et vous aurez les mêmes droits que nous vis-à-vis de la mère patrie. Soyez autonomes, appelez-vous tunisiens-français, si vous le voulez, peu importe, pourvu que vous soyez français.

Mais si vous voulez rester étrangers pour nous faire payer un droit de 8.0[0 sur nos produits c'est un rôle de dupe et nous ne voulons pas le jouer.

Nos intérêts, solidaires en tant que français, sont absolument contraires en tant qu'étrangers, et si vous restez tels, vous deviendrez pour nous des ennemis que nous combattrons avec acharnement. Nous allons les uns et les autres à une guerre de sécession. (1)

______

(1) Un article très-intéressant publié dans le *Sémaphore* du 19 Juin traite ce sujet.

Ce raisonnement est des plus justes. Il a frappé le journal le *Sémaphore*. Comment n'a-t-il pas frappé M. Paul Leroy-Beaulieu ? Et cependant l'Algérie n'a que de la sympathie pour la Tunisie ; elle s'empresse de reconnaître que la Tunisie ne peut pas vivre sans un régime économique que tout le monde, et M. Paul Leroy-Beaulieu le premier, qualifie de DÉPLORABLE.

Quand sur 33 articles qui font l'objet du commerce tunisien, il n'y en a pas un seul qui puisse entrer en France sans être frappé de droits considérables, soit du fait de la sortie, soit du fait de son entrée en France, — alors qu'ils sont déjà accablés d'impôts à l'intérieur (1) et alors que tous ces articles, SANS EXCEPTION sont exempts de droits lorsqu'ils viennent d'Algérie et que 18 d'entre eux (les plus importants) venant d'Angleterre, d'Italie ou d'Espagne sont complètement exempts. Comment ne pas reconnaître que la lutte est impossible.

Et ce qui est plus grave que tout cela, ce qui frappera bien autrement l'esprit du lecteur c'est que la loi protectrice des céréales, reconnue insuffisante par la chambre, va élever sensiblement le droit de 3 francs par cent kilos imposé aux céréales exotiques à leur entrée en France, de sorte qu'il deviendra impossible à la Tunisie dont *les céréales sont la branche la plus importante de production*, d'exporter un seul quintal de blé ou d'orge en France alors que l'Algérie continuera comme par le passé à les y entrer en franchise.

Or, en faisant le total des différents droits de la dîme, du mesurage, du Meks qu'acquittent à l'inté-

____

(1) Pour ne citer que quelques articles les huiles paient 27 0⁄0 ce qui avec les autres droits les porte à 48 0⁄0 ad valorem ; les fruits et les légumes 45 0⁄0 et tant d'autres. (Voir 2e fascicule).

rieur les céréales, onérées déjà de frais de transports
considérables par suite du mauvais état des routes,
on arrive à un peu plus de 10 1[2 pour cent.

A ces frais viennent s'ajouter à l'heure qu'il est
3 francs par cent kilos pour les blés et 1 fr. 50 pour
les orges ce qui f it environ 12 pour cent, au total
22 1[2 pour cent. Total qui atteindra 30 pour cent
si la nouvelle loi protectrice est votée (I).

. Mais ce n'est pas tout. Les céréales tunisiennes ont
encore à lutter en France contre la prime de SEIZE
POUR CENT dont profitent les céréales exotiques par
suite de LA BASE LÉGALE du change.

Comme peu de personnes parmi les commerçants,
les économistes, et même parmi les administrateurs
de ce pays connaissent cette prime, nous allons la
leur faire toucher du doigt à l'aide de chiffres ABSO-
LUMENT OFFICIELS que nous mettrons dans la bouche d'un enfant de sept ans pour que la vérité n'en
sorte pas altérée.

— Voyons mon enfant si vous êtes fort en ma-
thématique :

Etant donné que la BASE LEGALE de la valeur de
l'or en France est de 15 fois 1[2 son poids d'argent
alors qu'en dehors de l'union latine elle est de 19
fois trois quarts ce même poids, quelle sera la
différence du produit d'un kilo d'or en numéraire ?

. — 1 kilo d'or en France égalera 15 k. 500 d'argent et à l'étranger 19 k. 750, différence 4 k. 250
en faveur de l'étranger.

— Très bien, mon enfant, et combien cela fera-t-il
en francs étant donné que le franc vaut 5 grammes
d'argent? (alliage à 1[10 compris).

4 k. 250 divisés par 5 donnent 850 francs.

____

(1) Nous prenons le blé tunisien à 20 francs en moyenne, et l'orge
à 9 francs les cent kilos.

C'est très bien, mon ami, et nous ferons de vous un mathématicien.

Le lecteur comprend-il que ces 850 francs font plus de 27 pour cent de prime? Est-ce assez clair et veut-il une autre démonstration sous forme de blé? Rappelons notre petit prodige.

Combien, mon enfant, un quintal métrique (100 kilos) de blé vendu par exemple 25 francs produira-t-il de grammes d'argent? (1)

— 125 grammes, Monsieur

— Et combien d'or?

— 15 fois et demi moins; ou 125 divisés par 15,50 égalent 8 gr. 064 mill.

— A la bonne heure : 8 gr. 064 milligrammes d'or. Et qu'en retirera un américain, un indien, ou un australien, ou tout autre peuple placé en dehors de l'union latine, qui aura vendu en France un quintal métrique de son blé à raison de 25 francs ?

— Il en retirera, Monsieur, 25 francs ou 125 grammes d'argent, ou 8.064 mill. d'or.

— Ta ! ta ! ta ! mon enfant, voilà que vous vous trompez. C'est cependant si simple ! suivez-moi bien :

L'américain ou l'indien retirera bien en effet 25 francs ou 8 gr. 064 mill. d'or; mais il emportera ces 8 gr. 064 d'or chez lui ou simplement en Angleterre et les convertira en 19 fois trois quarts leur poids d'argent. Voilà ce que vous auriez du me dire, mon enfant. Or 19 fois 3|4 multipliés par 8.064 donnent 159 g. 26 d'argent et non pas 125 grammes. Différence 34 gr. 26 en sa faveur; ou en francs, 6 fr. 85 c. pour son quintal vendu 25 francs.

— Et pourriez-vous me dire combien cela fait pour cent ?

----

(1) Nous donnons la dernière cote.

➤ Cela fait, Monsieur, 27.408 pour cent.

— Je vous fais grâce de la fraction, cela fait plus de 27 pour cent, presque 27 et demi. C'est tout ce que je voulais savoir et vous avez par cette dernière opération regagné toute mon estime.

— Mais, Monsieur, c'est que je ne savais pas........

— Cela va bien, mon enfant : il n'y a pas que vous qui ne saviez pas.

Et voilà donc ce chiffre fatidique de 27 pour cent qui revient toujours et vous voulez faire payer au blé tunisien à son entrée en France 3 francs par cent kilos, et prochainement peut être 5 francs ?

Mais direz-vous : le blé exotique paie aussi ces 3 francs ? — Sans doute il les paie et nous espérons bien qu'il paiera davantage, mais il ne lui en reste pas moins 3 fr. 85 de prime par quintal en supposant qu'il ne vende son blé que 25 francs. Ce qui lui fait encore 16 pour cent.

Ajoutez ces 16 pour cent aux 22 1|2 pour cent que supporte le blé tunisien et vous aurez sans parler des frais de transport, *trente huit et demi pour cent de différence. 46 °|° avec la nouvelle loi.*

Comprend-t-on maintenant pourquoi les blés n'ont aucune valeur ici ? Comment lutter avec les blés exotiques si non en les achetant à vil prix ?

Voilà ce qui aurait du frapper l'administration depuis cinq ans qu'elle a ce spectacle sous les yeux (1). Cela avait une bien autre importance que la loi immobilière qui est assurément bonne en soi, mais dont les

____

(1) Il y a cinq ans l'écart entre l'or et l'argent n'était que de 15 1|2 à 18. Il a toujours été en augmentant et l'économiste Malon affirme qu'aujourd'hui l'argent a baissé jusqu'à 22.

rouages sont compliqués et dont l'application
sera couteuse et difficile ainsi que nous le
démontrerons.

Et quand le remède à une situation aussi
grave est si simple ! on se demande quelle
peut être la raison d'une telle imprévoyance.
Car si les récoltes venaient à manquer, s'il
arrivait des sécheresses, comme cela se voit
si souvent ici, au lieu des pluies abondantes
qui sont tombées ces dernières années; qu'au-
rait-on fait pour prévenir la disette, la fa-
mine, comme en 1867? Et comment équilibrer
le budget et faire honneur à la dette garantie par la France ?

En vérité on reste confondu quand on
voit des hommes aussi éminents que M. Paul
Leroy-Beaulieu, que M. Picot, — nous
ne parlons pas de M. Pascal, — soutenir dans
le *Journal des Débats* et ailleurs, que l'on
a beaucoup fait ici; que la Tunisie est
prospère ; que sa fortune est croissante ;
qu'il faut bien se garder de faire l'annexion;
qu'il n'y a que des niais ou des brouillons
pour la demander.

Mais c'est coupable cela ! car rien n'est
plus factice, plus aléatoire que cette prospérité. Et qu'on remarque bien que nous ne
donnons ici qu'un aperçu de la situation.
On la verra sous tout son jour dans notre
second fascicule, quand aulieu d'un croquis

nous donnerons une étude de la situation
économique de la régence, étu le faite sur
des documents officiels, avec une conscience
et une impartialité que nous mettrons au
défit de trouver en défaut. Nous établirons,
preuves en mains, que nous allons vers un
abîme avec le Protectorat. Et alors, repro—
chera-t-on á la colonie de se plaindre ?
D'ailleurs ce ne sont pas seulement des
plaintes qu'elle exhale, c'est un cri de détresse qu'elle pousse vers la France. Puisse-
t-il être entendu des hommes d'Etat qui
tiennent entre leurs mains nos destinées ;
et puisse-t-il leur inspirer enfin la pensée,
bien tardive, de soulager cet infortuné pays !

www.ingramcontent.com/pod-product-compliance
Ingram Content Group UK Ltd.
Pitfield, Milton Keynes, MK11 3LW, UK
UKHW022310120726
13694UKWH00004B/1359